25p.

GW00786382

FRENCH THROUGH READING

L'Affaire du Pneu dégonflé

FRENCH THROUGH READING

Nos 1–5 by Maureen and Anthony Gande

1. Mystère au Bois de Boulogne
2. La Clef
3. L'Affaire du Pneu dégonflé
4. L'Araignée
5. Le Trident de Neptune

Nos 6–9 edited by Maureen and Anthony Gande

6. Enigmes Célèbres
7. Enquêtes Policières
8. Aventures Fantastiques
9. Aventures Vécues

FRENCH THROUGH READING

L'Affaire du Pneu dégonflé

by

MAUREEN GANDE, B.A., A.N.C.M.,

and

ANTHONY GANDE, M.A.

Senior French Master,
Bishop's Stortford College

Illustrated by Peter MacKarell

HEINEMANN EDUCATIONAL BOOKS
LONDON

Heinemann Educational Books Ltd
LONDON EDINBURGH MELBOURNE AUCKLAND TORONTO
SINGAPORE HONG KONG KUALA LUMPUR
IBADAN NAIROBI JOHANNESBURG
NEW DELHI

ISBN 0 435 37351 X

Published by
Heinemann Educational Books Ltd
48 Charles Street, London, W1X 8AH
Printed in Great Britain by
Fletcher & Son Ltd, Norwich

Contents

Introduction

L'Affaire du Pneu dégonflé is the third in the series of adventure stories about Michel and Paulette, and in it the writers have tried to follow the same basic aim as that of its predecessors: to present a story with a plot sufficiently intricate to capture the interest of pupils in their second or third year, but written in simple, idiomatic French.

Two new tenses have been introduced—the imperfect, and the future. Care has been taken in devising the questions which follow the text, to present a good proportion of questions to which the most natural answer requires the use of one or other of these tenses.

The most important aspects of the presentation of the first two readers have been closely followed. In particular, direct speech has been used very freely, and it will be found that several chapters lend themselves to easy dramatization by teacher or pupils. It is hoped also that the sustained sections of direct speech will make this story attractive as material for reading aloud. (Experience has persuaded the authors that pupils do not approach the reading of long sections of narrative with enthusiasm, but that they are most willing to adopt the spoken idiom of clearly defined characters, such as are presented in this story.)

The vocabulary is based on the findings of *Le Français Fondamental*. A comprehensive vocabulary list and a table of irregular verbs will be found at the end of the reader.

We should like to thank Mme Hugel-Hufton and M. Emile Fontaine for their valued assistance in revising the text.

1. A bord du ferry

Quelques-uns d'entre vous se souviennent peut-être de Michel Létain, et de sa cousine Paulette Rochard. Vous rappelez-vous aussi l'affaire de la clef mystérieuse, et la grande aventure qu'ils ont eue à Rouen pendant les vacances de Pâques? Eh bien, on est maintenant au mois d'août. Les jeunes amis viennent de passer dix jours à Londres, où ils ont été invités par leur grand ami Dick Arundel, le jeune Anglais qu'ils ont rencontré à Rouen au mois d'avril.

C'est maintenant la fin des vacances, et Paulette et Michel doivent rentrer à Paris. Ils n'y trouvent qu'une seule consolation: au lieu de faire le voyage par le train, ou par avion, ils le font dans la belle Mercédès de Dick. Voilà pourquoi on les retrouve en ce moment à

Folkestone Maritime. La Mercédès fait la queue derrière une vingtaine d'autres voitures qui attendent toutes le moment de descendre dans la cale du ferry qui les transportera à Calais.

Il est midi moins le quart, et voici le contrôleur qui arrive pour inspecter les billets. Quelques minutes plus tard, la file de voitures commence à rouler vers le guichet où il faut présenter les passeports et le certificat d'assurance pour la voiture. Ensuite, ils doivent passer par la Douane; et là, Michel et Paulette s'étonnent que personne ne leur demande d'ouvrir les bagages.

'Et si j'avais mes valises toutes pleines de contrebande!' s'exclame Paulette.

'Ne t'inquiète pas!' lui répond Dick. 'Tu verras. Les douaniers visiteront certainement les bagages quand nous arriverons en France.'

'Dans ce cas-là, je devrai cacher tous ces lingots d'or dans mes chaussettes!' réplique Michel.

'Oui, et elles en sont assez grandes, tes chaussettes!' dit Paulette.

'Oh, qu'elle est spirituelle ce matin!' répond Michel. 'Profitons-en! C'est rare chez elle.'

La queue d'automobiles commence maintenant à monter sur une sorte de rampe. A une centaine de mètres plus loin, on peut distinguer les cheminées et les pavillons du bateau. Une grande Citroën Safari de luxe monte la rampe juste devant eux.

'Papa nous a dit qu'il en achètera une comme celle-là l'année prochaine,' dit Michel. 'Alors nous pourrons partir en voyage quand nous voudrons, sans penser aux frais d'hôtel.'

'Comment ça?' demande Paulette.

'Parce qu'on peut dormir dedans, à l'arrière,' répond Michel.

'Ah oui, tu as raison! *Chic alors[1]!*'

C'est la première fois que les enfants traversent la Manche sur un ferry, et Paulette se montre un peu inquiète lorsque la Mercédès descend jusque dans l'intérieur du bateau. Il y fait un peu noir. Un matelot français en pull-over bleu foncé dirige les voitures. Quand Dick arrête finalement le moteur de la Mercédès, il ne reste que quelques centimètres entre les pare-chocs de la Citroën et ceux de la Mercédès. Derrière eux, s'est arrêtée une petite Triumph de sport toute neuve et pimpante.

Tous les voyageurs descendent de voiture. Dick prend dans le coffre son grand pardessus, et il passe à Paulette un gros pull-over à col roulé.

'Tiens,' lui dit-il. 'Il faudra mettre ça quand tu monteras sur le pont. Il fera sûrement très frais quand on arrivera en pleine Manche.'

Dick et Paulette se dirigent vers l'escalier, mais Michel décide de changer de chaussures. Pour le trajet en auto de Londres à Folkestone, il n'a mis que des sandales assez minces, et il préfère mettre quelque chose de plus solide pour se promener sur le pont. Il s'accroupit à l'arrière de la Mercédès pour chercher ses grosses chaussures qu'il a laissées sous la banquette. Quand il relève la tête, il a juste le temps de voir quelque chose d'assez étonnant. Le conducteur de la Citroën dévisse la valve du pneu arrière de sa voiture! Une sorte de sifflement se fait entendre, et le pneu de la Citroën se dégonfle rapidement!

Michel ouvre de grands yeux. L'homme jette un coup d'œil derrière lui. Il ne voit pas Michel, dont les yeux dépassent à peine la banquette; puis il remet le chapeau de la valve, et s'en va d'un pas rapide vers l'escalier qui monte au pont des passagers.

[1] *Chic alors!*—Great! Fabulous!

2. Le pneu dégonflé

Michel retrouve ses amis sur le pont des passagers. Ils s'amusent à regarder le va-et-vient des bateaux dans le port. Dick regarde sa montre.

'Ça y est,' dit-il. 'Midi et quart, et la dernière voiture est embarquée. Encore un petit quart d'heure, puis on pourra partir.'

Michel jette un coup d'œil furtif tout autour de lui pour s'assurer que le propriétaire de la Citroën n'est pas là pour l'écouter; puis, il raconte à ses amis l'incident étrange qu'il vient d'observer sur le pont inférieur.

'Mais tu radotes, mon vieux,' s'écrie Dick en riant. 'Ce pauvre type a certainement trouvé un clou dans son pneu; il l'a enlevé, et pouf! Voilà! Son pneu s'est dégonflé, c'est tout.'

'Mais puisque je te dis que je l'ai vu qui dévissait la valve! Il a fait exprès de dégonfler son pneu!' proteste Michel.

'Mais à quoi rêves-tu?' s'exclame Paulette. 'Puisque Dick et moi, nous étions là tous les deux, et nous n'avons rien vu,—alors!'

'Mais non,' répond Michel, impatient. 'Toi, tu mettais ton pull-over, et Dick mettait son pardessus. Vous ne faisiez pas attention, tandis que moi, j'étais accroupi à l'arrière de la voiture, et c'est pour ça que j'ai tout vu.'

'Et alors?' demande Paulette. 'Peut-être la valve était-elle usée, et le bonhomme voulait en acheter une neuve—je n'en sais rien, moi. En tout cas, j'ai faim. Il est quelle heure, Dick, s'il te plaît?'

'Midi vingt. On partira dans dix minutes, et nous irons déjeuner. J'ai réservé une table au restaurant.'

'Oh, zut alors!' s'écrie Michel. 'J'ai oublié mon appareil. Je l'ai laissé dans la voiture; et je voulais absolument prendre des photos de la côte d'Angleterre vue du bateau.'

'Eh bien, vas-y! Dépêche-toi!' dit Dick. 'Il est interdit aux propriétaires des voitures de descendre au pont inférieur pendant le voyage. Dans cinq minutes, on fermera à clef, et il sera trop tard pour aller chercher ton appareil.'

'Bon! J'y vais!'—et Michel se précipite vers l'escalier qui mène au

4

pont inférieur. Il arrive au haut de l'escalier tout essoufflé, mais se retire brusquement derrière un *canot de sauvetage*[1] en voyant le mystérieux conducteur de la Citroën qui parle avec un membre de l'équipage.

'Oui, monsieur,' dit celui-ci. 'Mais vous devrez vous dépêcher. Je peux vous accorder dix minutes au plus, puis il me faudra tout fermer. C'est la règle.'

'Merci, monsieur,' dit l'autre. 'Dix minutes, c'est tout ce qu'il me faudra pour changer mon pneu. Ce sera vite fait.'

'Bien, monsieur. A tout à l'heure.' Et le marin s'en va.

Le propriétaire de la Citroën ouvre vite la porte, et disparaît dans l'escalier. Michel le suit, en faisant aussi peu de bruit que possible. Il a l'impression qu'il y a quelque chose de louche dans toute cette histoire, et il a déjà décidé de suivre l'affaire de plus près.

Sur le pont inférieur, tout est silencieux. Des voitures de toutes sortes et de toutes les couleurs se trouvent rangées exactement les unes derrière les autres. Michel se cache derrière une grande Simca blanche pour mieux observer.

L'homme s'approche de sa Citroën d'un pas léger. Il jette des regards à droite et à gauche, puis se penche vers la roue de sa voiture. Mais, au lieu d'enlever la roue, comme s'y attendait Michel, l'homme enlève l'enjoliveur, et prend un tout petit sac en cuir jaune qui se trouvait à l'intérieur. Il remet l'enjoliveur, et porte son attention sur la petite Triumph rouge, qu'on a garée juste derrière la Mercédès de Dick. En se servant d'un tournevis, l'homme enlève un des enjoliveurs de la Triumph, y met le sac en cuir, et remet l'enjoliveur avec soin.

Michel se tient *bouche bée*[2]. Il n'ose pas bouger, autrement l'homme le verra. Il reste donc caché derrière la Simca, à observer ces curieuses activités. L'homme est maintenant revenu à sa Citroën, dont il prend la roue de secours. Chose curieuse—il en dégonfle le pneu, et remet la roue dans la voiture comme avant. Finalement, en se servant d'une petite pompe à main, il regonfle le pneu arrière de la voiture—ce même pneu qu'il a dégonflé plus tôt!

Sept minutes ont passé depuis la conversation entre l'homme et le membre de l'équipage. Evidemment l'homme savait exactement ce qu'il avait à faire; et tout s'est passé exactement comme il le voulait. Il sourit d'un air satisfait. A ce moment même, le marin apparaît, un trousseau de clefs à la main.

'Ça y est, monsieur?' demande-t-il. 'Vous avez changé votre pneu?'

'Mais oui, monsieur,' répond l'autre. 'Elle était bien à plat; voyez-moi ça!' Et il indique la roue de secours qu'il a laissée sur la banquette arrière.

Le marin pousse un sifflement de surprise. 'Pardi, en effet, monsieur! Vous avez bien fait de la changer. Je ne m'attendais pas à trouver le travail fait en si peu de temps.'

'C'est que j'en ai l'habitude,' répond l'homme. 'Bon—je remonte maintenant, puisque vous voulez sans doute tout fermer ici.' Il glisse un pourboire de trois francs dans la main du marin, se dirige vers l'escalier, et disparaît.

Michel décide de laisser son appareil dans la voiture, et d'aller tout raconter à Dick. Tandis que le marin inspecte les voitures pour la dernière fois, Michel passe dans l'escalier, et remonte au pont des passagers.

---

[1] *canot de sauvetage*—life-boat
[2] *bouche bée*—open-mouthed

3. Les 'Cailloux'

'Eh bien, te voilà enfin,' s'écrie Paulette comme Michel s'approche d'eux, tout essoufflé. 'On t'attendait pour aller déjeuner. Mais qu'est-ce que tu faisais là-bas? Tu pêchais des crabes, ou quoi?'

'Oh, ça suffit, ma vieille! Ecoutez! J'ai des choses à vous raconter qui vous intéresseront! Ce type dont je vous ai parlé—celui qui a dégonflé son pneu—eh bien, je viens de le revoir en bas; il mettait quelque chose dans la roue de la Triumph—une espèce de sac!'

'Tu recommences, donc!' s'exclame Paulette. 'Et qu'est-ce qu'il y avait dans ce fameux sac?—du charbon? Et moi qui croyais que les automobiles utilisaient de l'essence!'

'Mais sois sérieuse, Paulette, enfin!' répond Michel. 'Je t'assure que c'est un type louche!'

Paulette rit toujours, et Dick non plus ne semble pas le prendre au sérieux.

'Venez!' dit-il aux enfants. 'Nous irons manger, et en mangeant,

nous réfléchirons. Tu as peut-être faim, Michel, et c'est pour ça que tu te fais des idées!'

Quelques minutes plus tard, les amis se mettent à table dans le restaurant, où le garçon leur apporte trois bifteck-frites. Dick boit du vin rouge. Paulette prend un jus de pamplemousse, et Michel du cidre de Normandie. Ils ont faim, et ils mangent sans parler. Ils sont déjà au dessert lorsque Dick recommence à parler de cet incident bizarre qui a eu lieu sur le pont des voitures. Michel lui explique de nouveau tout ce qui s'est passé.

'Mais décris-moi ce sac dont tu as parlé, et que le type a caché dans la roue de la Triumph. Comment était-il? Grand? Petit? En plastique? En coton?'

'En cuir,' répond Michel, 'et bien sûr qu'il était petit, puisque le type a pu le cacher derrière l'enjoliveur.'

'Et tu dis qu'il a raconté une histoire de pneu crevé au marin qui était là-bas? Et que cette histoire n'était qu'une invention de sa part? Que le pneu n'était pas crevé? Alors tout ça n'était qu'un prétexte pour descendre au pont des voitures, et pour cacher ce sac dans la Triumph!'

'Mais qu'est-ce que tu en penses, Dick?' demande Paulette. 'Moi, je pensais que Michel se moquait de nous avec cette histoire de pneu dégonflé; mais maintenant, j'ai l'impression que ce doit être quelque chose d'assez sérieux.'

'Mais c'est une vieille ruse de contrebandier,' explique Dick. 'Je vais vous dire. . . .'

'Chut!' dit Michel, soudain. 'Le voilà qui arrive dans le restaurant! Il a une dame avec lui. Mon Dieu! Ils s'approchent de notre table.'

Les trois amis se mettent à manger leur crème caramel—juste à temps! Le propriètaire de la Citroën et sa compagne—une grande brune élégante, habillée d'un tailleur vert foncé—s'installent à une table voisine, et se mettent à consulter le menu.

'Tu prendras un apéritif, Caroline?' demande l'homme.

'Oui, je veux bien, Georges,' lui répond la dame.

L'homme fait signe au garçon.

'Un Martini, et un Pernod, s'il vous plaît.'

'Tout de suite, monsieur. Madame prend de la glace dans son Martini?'

'Oui, un tout petit peu.'

Le garçon s'en va, et Dick, Paulette et Michel s'occupent de leur dessert, sans dire un mot.

Tout à coup, Michel et Paulette sentent le pied de Dick qui leur donne des coups sous la table. Ils lèvent la tête. Dick leur fait un clin d'œil.

'Do you want some coffee?' leur demande-t-il.

Michel et Paulette n'hésitent qu'une seconde avant de répondre de leur meilleur accent anglais:

'Yes please, Dick.'

Georges et Caroline leur jettent un regard curieux; puis Georges dit tout bas à la dame:

'Ça va. Ce sont des Anglais. Nous pourrons peut-être causer un peu.'

Caroline hésite, puis elle lui dit:

'Alors—c'est fait?'

'Mais oui, c'est fait.'

'Ainsi tu n'as qu'à enlever les "cailloux" en débarquant. Tu crois qu'ils examineront la Safari?'

'C'est presque certain. Mais puisqu'ils ne trouveront rien, pas besoin de t'inquiéter, hein? Je reprendrai les "cailloux" quand nous arriverons à Calais. Je les transporterai au Touquet comme d'habitude; ce sera simple comme deux et deux font quatre—tu verras!'

Le garçon arrive avec les apéritifs. Il donne en même temps l'addition à Dick, qui prend dans son portefeuille l'argent nécessaire pour la payer. Il donne un pourboire au garçon, et les trois amis s'en vont sans dire un mot.

Une fois dans le couloir, Michel et Paulette se mettent à parler tous les deux ensemble.

'Qu'est-ce qu'on va faire?'

'Tu appelleras la Police, Dick?'

'Ce sont des bandits!' . . . etc., etc.

'Holà! Un peu de silence, s'il vous plaît! D'abord, je ne veux absolument pas me faire des ennuis avec la Police. J'ai mon rendez-vous à Bordeaux, et si j'arrive en retard, j'aurai *pas mal d'*[1]excuses à faire à mon chef![*] Deuxièmement, il est une heure et demie. On sera à Calais dans dix minutes. Si vous voulez m'accompagner jusqu'à Paris, vous laisserez nos deux petits contrebandiers en paix. C'est compris?'

Il sourit aux deux jeunes gens. 'Je vous connais, vous deux; dès qu'il y a un tout petit mystère, vous voulez toujours aller jusqu'au bout. Mais cette fois-ci, il faut laisser ça aux douaniers. Allez! Ne faites pas cette tête-là. Ce sera pour la prochaine fois.'

---

[1] *pas mal de*—a whole lot of
[*] For further explanation of Dick's activities, see *La Clef*.

4.   A la Douane

Le haut-parleur annonce que tous les passagers qui n'ont pas encore présenté leur passeport au contrôle doivent le faire immédiatement;

autrement, ils devront attendre longtemps quand le bateau arrivera au port.

'Mon Dieu,' s'exclame Dick. 'Dépêchons-nous! Nous n'avons pas encore présenté nos passeports.'

Ils se précipitent au bureau de contrôle en quatrième vitesse. Heureusement, tous les autres passagers ont déjà passé, et il n'y a plus personne, sauf le contrôleur, qui leur jette un regard curieux. Il examine longuement le passeport de Dick, et celui de Michel aussi, puisque sa photo ne lui ressemble pas du tout. Puis, il met le cachet officiel sur tous les passeports, et les leur rend.

Sur le pont des passagers, il y a un grand va-et-vient. Les voyageurs font déjà la queue pour débarquer. Le même haut-parleur demande à ceux qui ont une voiture d'y prendre place, puisque le bateau arrivera dans deux minutes à destination.

La plupart des propriétaires de voiture, y compris Georges et Caroline, sont déjà installés lorsque les trois amis montent enfin dans la Mercédès.

'Si le propriétaire de la Triumph savait ce qu'il y a dans sa roue!' dit Michel, tout bas.

'Et si notre petit ami Georges se rendait compte que nous savons où il a caché la contrebande!' répond Paulette.

Pendant que Michel et Paulette parlaient entre eux de la Triumph et de Georges, les membres de l'équipage ouvraient les grands panneaux mobiles qui ferment l'entrée du pont inférieur, et maintenant, le beau soleil de France illumine les voitures qui font la queue avec impatience. Quelques secondes plus tard, la file de voitures se met à rouler vers la rampe. La Citroën, conduite par Georges, roule toujours devant la Mercédès, et la Triumph suit derrière.

Il faut encore une fois passer par la Douane, et on entend les voix des douaniers qui demandent: 'Rien à déclarer? Avez-vous quelque chose à déclarer, monsieur?'

La Citroën Safari arrive devant eux.

'Voulez-vous descendre, monsieur,' demande un des douaniers.

'Volontiers,' répond Georges; et celui-ci regarde en souriant les douaniers qui inspectent minutieusement toute la voiture—le coffre, le moteur, les banquettes, les roues, les pneus même. Naturellement, ils n'y trouvent rien.

'Oh, mais Dick!' chuchote Paulette. 'Il faut leur dire de regarder dans la Triumph!'

'Mais non, je te dis,' insiste Dick, tout bas. 'Je t'ai expliqué tout à l'heure que je dois absolument me présenter à Bordeaux demain matin. Je n'ai pas le temps d'aller comme témoin au commissariat de police, et je te défends de parler. Si tu insistes, tu pourras leur téléphoner quand vous serez à Paris.'

'Mais ce sera trop tard à ce moment-là,' répond Michel. 'Ce type Georges et son amie Caroline seront bien loin.'

'Ecoutez-moi,' répond Dick. 'Vous téléphonerez tous les deux, et vous direz aux douaniers tout ce que vous savez. Vous pourrez leur dire que ces escrocs vont transporter la contrebande au Touquet, si vous voulez. Comme ça, ils n'auront qu'à suivre leur piste jusqu'à cette ville-là.'

'Bon d'accord. Comme tu veux,' répondent les jeunes gens.

'Taisez-vous. Ils arrivent,' chuchote Dick.

'Vous n'avez rien à déclarer, messieurs, mademoiselle?'

'Non, rien, monsieur.'

'Bon! Passez!'

Et la Mercédès roule vers la sortie de la Douane, suivie de près par la Triumph, qui porte toujours sa roue pleine de contrebande.

5. La Poursuite

Un grand panneau indique en gros caractères la route nationale qui mène à Arras. Dick passe la carte à Michel.

'On prend la E.2 jusqu'à Arras,' dit-il, 'puis, l'autoroute jusqu'à Paris. Veux-tu être le navigateur, Michel?'

Chose curieuse—la Safari attend au bord de la route, et son conducteur Georges ne prête aucune attention à la Mercédès qui le dépasse. Mais dès que la Triumph apparaît, il met le moteur en marche, et la poursuit de près. La Triumph dépasse la Mercédès, puis la Citroën la dépasse aussi; et les deux voitures filent à 120 à l'heure le long de la route nationale en direction d'Arras.

'Oh Dick, sois gentil! Suis-les!' demande Paulette sur un ton cajoleur.

'Tu ne peux pas laisser une Citroën dépasser une Mercédès,' ajoute Michel, flatteur.

Dick rit de bon cœur. 'Bon, d'accord! Mais je sais bien que vous n'êtes que deux rusés!'

Le moteur de la Mercédès ronfle, et bientôt, Dick poursuit les deux autres voitures à une trentaine de mètres de distance.

'Oh, si seulement la Triumph allait jusqu'à Paris,' s'exclame Paulette, surexcitée. 'Vas-y, Dick! C'est sensationnel!'

'Il est certain que la Citroën poursuivra la Triumph jusqu'à sa destination, et que Georges attendra le bon moment pour reprendre son petit sac dans la roue,' s'écrie Michel.

'Mais qu'est-ce qu'il y a dans ce sac, Dick?' demande Paulette. 'Là-bas, au restaurant, ils parlaient de "cailloux".'

'Je n'ai aucune idée,' répond Dick. 'Des diamants, peut-être!'

'Oui. Moi, je crois bien que ce seront des diamants,' dit Michel.

'Malheureusement, tu ne le sauras jamais.'

'Mais pourvu qu'ils restent sur cette route, nous pourrons les poursuivre, n'est-ce pas, Dick? On ne risque rien.'

'Bien, allons-y, pour vous faire plaisir, mes amis.' Et Dick appuie sur l'accélérateur.

Tout près d'Arras, il y a une déviation qui mène directement à l'autoroute. Il leur faut rouler assez lentement sur cinq kilomètres, à cause du mauvais état de la route, que des ouvriers sont en train de réparer. D'énormes bulldozers jaunes, des grues et des camions arrêtent de temps en temps la circulation. Mais, à la longue, Dick pousse un *grand soupir de soulagement*.[1]

'Ça y est,' dit-il. 'L'autoroute commence.'

Dick met la radio, et ils écoutent pendant assez longtemps un programme de musique populaire. Quand la Mercédès contourne la ville de Senlis, la Triumph et la Citroën sont toujours en vue.

'Qu'est-ce que je vous disais!' s'exclame Paulette. 'Ils vont à Paris.'

'Puisque je devrai vous ramener tout de suite chez vous quand nous arriverons à Paris, et qu'à ce moment-là vous direz adieu à ces deux voitures, il est inutile de *vous monter la tête*.'[2]

Comme ils s'approchent de la banlieue de Paris, les trois voitures filent toujours dans le même ordre; la Triumph d'abord, puis la Citroën, puis, à une soixantaine de mètres derrière, la Mercédès de Dick.

'Ecoute, Dick. J'ai une idée.' (C'est Michel qui parle.) 'Si la Triumph va au delà de la Porte de la Villette, on les laissera aller, d'accord? Mais si elle s'arrête avant, alors, moi, je descendrai pour tâter le terrain.'

'Et moi aussi! Tu ne partiras pas sans moi, c'est entendu?' demande Paulette.

'Oh, si tu insistes.'

'J'insiste!'

'Et qu'est-ce que je dirai à vos parents, moi? et qu'est-ce que je ferai de vos bagages?' grommelle Dick.

'Tu seras bien gentil, Dick. Tu déposeras les bagages chez nous, et tu inventeras une histoire quelconque pour nos parents. Dis-leur que nous avons rencontré des amis, et que nous rentrerons plus tard par le Métro.'

'On verra.'

Ils quittent enfin l'autoroute. Les voitures sont obligées de rouler moins vite, et de temps en temps, la Mercédès doit s'arrêter aux feux rouges. Les jeunes gens sont angoissés à l'idée de perdre la Triumph, et la Citroën avec; et en fait, à un moment donné, ils arrivent à un carrefour. Un agent qui règle la circulation, fait signe à la Triumph de continuer sa route, et à la Citroën aussi; mais au moment où la Mercédès se présente, l'agent tourne le dos, donne un coup de sifflet, et leur barre le passage.

Les jeunes gens poussent des cris de rage. 'Ça y est! *On est fichu!*[3] Elles sont parties. Oh, ce sale flic! Il ne pouvait pas nous laisser passer!'

'Mais arrêtez donc de râler comme ça, et regardez plutôt devant vous!'

La Triumph s'est arrêtée cent cinquante mètres plus loin. Tout à coup, elle tourne à gauche, juste en-dessous d'un panneau qui annonce en gros caractères blancs sur fond vert:

CAMPING

[1] *Soupir de soulagement*—sigh of relief
[2] *se monter la tête*—to get all excited
[3] *On est fichu!*—We've had it!

6.   Georges s'en va au Touquet

Sans hésiter un instant, la Citroën de Georges tourne à gauche, elle aussi. Quelques secondes plus tard, les deux voitures se trouvent garées côte à côte.

'Et bien, mes amis,' dit Dick aux jeunes gens, 'vous parliez tout à l'heure d'aller tâter le terrain, si la Citroën et la Triumph s'arrêtaient avant d'arriver à Paris. Est-ce que vous y tenez encore? Si vous voulez bien, je ferai ce que vous m'avez demandé. Je déposerai vos bagages chez vous, et je présenterai vos excuses à vos parents, rue Cardinet. Vous êtes sûrs que vous pourrez rentrer tout seuls? Nous sommes encore loin de chez vous.'

'Oh sois sérieux, Dick. Nous ne sommes plus des enfants, quand même!' dit Paulette, indignée.

A ce moment, l'agent leur fait signe de passer, et la Mercédès repart. Dick s'arrête trois cent mètres plus loin, tout près d'un sentier qui mène à une forêt.

'Vous pouvez descendre ici,' leur dit-il. 'Allez, au revoir, mes amis!'

'Au revoir, Dick! Et merci mille fois! Nous avons passé des vacances splendides en Angleterre. N'oublie pas que tu viendras à Paris à Noël. Maman et Papa et Tante Sylvie seront déçus si tu ne viens pas; ils voulaient tellement te recevoir chez nous pendant l'été. Mais tu n'as pas pu accepter! Quel dommage!'

'Ce sera pour Noël, Michel, pour sûr. Ça me fera grand plaisir. Allez! Au revoir! Et bonne chance!'

La Mercédès repart rapidement, en laissant les deux enfants au bord de la route.

'Alors, on y va?'

'Oui, allons-y!'

Les deux enfants font demi-tour et reviennent à l'endroit où les deux voitures ont quitté la grand'route.

Le terrain de camping est assez grand. Partout, on voit des tentes et des caravanes. Des familles—pères, mères, et enfants—dressent la tente, font la lessive, ou mangent en plein air. D'autres jouent au ballon, ou à l'acrobate; d'autres encore se promènent dans la forêt voisine.

Michel et Paulette s'approchent de la Triumph; son conducteur l'a garée près d'une énorme caravane peinte en vert et rose. La Citroën est juste à côté. Les jeunes gens se cachent derrière cette caravane pour mieux observer.

Georges et Caroline sont en train d'étudier une carte. Le conducteur de la Triumph vient de fermer à clef sa voiture. Il s'adresse à l'un des campeurs:

'Excusez-moi, monsieur. Pouvez-vous me dire s'il y a un magasin par ici? Je veux allumer mon réchaud à alcool, et j'ai oublié d'apporter mes allumettes.'

18

'Mais certainement, monsieur. Il y a une boutique là-bas, à l'autre bout du terrain. Vous y trouverez tout ce que vous voulez.'

'Merci bien, monsieur,' et il s'en va dans la direction que l'autre lui a indiquée.

Georges n'attend que quelques secondes. Après avoir jeté un coup d'œil tout autour de lui pour s'assurer que personne ne le regarde, il se penche sur la roue de la Triumph. Caroline fume une cigarette d'une manière rapide et nerveuse.

Georges a vite fait de reprendre son sac, et de se glisser à nouveau derrière le volant de la Citroën. Le moteur ronfle, et quelques secondes plus tard, la voiture disparaît en direction de Paris.

'Ça y est,' dit Paulette, déçue. 'Ils sont partis. Ce n'était pas très sensationnel comme aventure, qu'en penses-tu, Michel?'

'Non, mais on a toujours ce coup de téléphone à donner aux douaniers. Regarde. Il y a une cabine téléphonique un peu plus loin.'

Une fois dans la cabine, Michel appelle le central, et demande la Douane à Calais. Bientôt une voix d'homme lui demande qui est à l'appareil.

Paulette et Michel se sont déjà mis d'accord pour garder l'anonymat, pour ne pas impliquer Dick dans l'affaire; alors, Michel répond:

'C'est de la part d'un des voyageurs du ferry de midi et demi. Si vous voulez prendre les contrebandiers que vous cherchiez, vous devrez attraper une Citroën Safari bleu clair, numéro 2391 AD 75. Pour faire la traversée, ils ont caché la contrebande dans une Triumph rouge, numéro ACG 087 D, qui est maintenant garée dans un terrain de camping au bout de l'autoroute Arras–Paris. Les passagers de la Citroën viennent de reprendre cette contrebande, et ils sont repartis, en disant qu'ils allaient transporter la contrebande au Touquet. Voilà tous les renseignements que je peux vous donner; au revoir, monsieur. . . .'

'Allô, allô! Qui est-ce qui parle, s'il vous plaît? Donnez-moi votre nom et votre adresse, s'il vous . . .'

Mais Michel a déjà raccroché.

7. Visite au cinéma

C'est le lendemain après-midi. Michel est chez sa Tante Sylvie, la mère de Paulette. Il a apporté un journal pour montrer à Paulette les films qu'on passe au cinéma.

Les jeunes gens sont rentrés assez tard hier soir. Après le départ de la Citroën, ils ont dû faire huit kilomètres à pied pour arriver à l'arrêt d'autocar.

Quand ils y sont enfin arrivés, ils étaient assez fatigués. Les souliers de Paulette lui faisaient mal, et Michel avait terriblement soif—il faisait si chaud. Heureusement, ils n'ont pas dû attendre trop longtemps l'autocar qui les a transportés jusqu'à la Porte de la Villette, où ils ont pu prendre le Métro pour faire le reste du trajet par le train.

Il était déjà huit heures et demie du soir quand ils ont pris l'ascenseur pour monter à l'appartement de Michel, où M. et Mme Létain, et Mme Rochard les attendaient. Les parents de Michel n'ont pas été très contents de les voir rentrer si tard, surtout parce qu'il y avait un rôti de veau qui brûlait dans la cuisinière! Malgré tout, les parents n'ont pas posé trop de questions difficiles parce qu'ils voulaient plutôt savoir tous les détails du voyage en Angleterre.

Dick venait de quitter la maison une demi-heure plus tôt, en promettant de venir y passer huit jours à Noël.

Et maintenant, aujourd'hui tout semble un peu monotone, après l'émotion des vacances, et les aventures du voyage de retour!

'Alors, Michel—tu as trouvé un film?' demande Paulette.

'Oh, j'ai regardé le journal ce matin, mais pas très sérieusement,' répond Michel. 'Je cherchais un Western, mais je n'en ai pas trouvé.'

'Fais voir un peu . . . En effet, tu as raison. Il n'y a pas grand'chose. On passe *La Roue qui tourne* au Boul'Mich', si tu veux y aller.'

'Mais, puisque je l'ai déjà vu . . .'

'Puis, il y a ce film de gangsters américains au Calypso, *De Sang Froid*.'

La Roue qui tourne était un film de gangsters aussi. N'y a-t-il rien d'autre?'

'Tiens, Michel! Est-ce que tu savais qu'il y a un cinéma qui s'appelle "Le Touquet"?'

'Le Touquet! Oh, ne m'en parle pas. Quelle perte de temps hier que d'avoir suivi cette sacrée Citroën sur 300 kilomètres.'

'Georges et Caroline sont sûrement au Touquet à ce moment même. Hier soir, quand ils ont quitté le terrain de camping, ils n'avaient que 200 kilomètres à faire pour arriver à la côte. Ils y sont sans doute arrivés bien avant minuit, si les flics ne les ont pas pris.'

'Tu parles! Les flics! C'était sans doute déjà trop tard quand je leur ai téléphoné!'

'Enfin . . . on passe un film anglais au Cinéo, et puis . . . oh, pardon, je ne t'ai pas dit, il y a un vieux James Bond au Touquet, *Bons Baisers de Russie*; tu l'as vu?'

'Non, je n'ai pas vu celui-là. On ira, si tu veux.'

'D'accord. La dernière séance commence à huit heures et demie. On devra prendre l'autobus, puisque le cinéma est tout près de Neuilly.'

'Bon. Je passerai chez toi vers huit heures moins dix. Au revoir! A bientôt!'

A huit heures et quart, Michel et Paulette font la queue derrière une douzaine d'autres personnes, pour prendre des billets au guichet.

'Tu veux une glace, Paulette?' demande Michel, en indiquant un comptoir où une dame vend des glaces, des chocolats, et des noisettes.

'Non, merci. J'en prendrai une à l'entr'acte.'

Tout à coup, Paulette attire l'attention de Michel sur deux hommes qui viennent d'arriver. Ils portent chacun une valise, et il est bien évident qu'ils ne vont pas prendre des billets de cinéma, puisqu'ils s'approchent tout de suite d'une porte à l'autre bout du foyer, tout près de l'entrée de la salle de cinéma, et y frappent doucement. Un homme aux fines moustaches noires leur ouvre immédiatement. Il est vêtu d'un smoking, et il a l'air d'être le directeur du cinéma. Il n'adresse pas un mot aux deux hommes, mais les fait entrer tout de suite et ferme la porte derrière eux. Michel et Paulette entendent la clef tourner dans la serrure.

Une minute plus tard, les deux hommes sortent de la pièce. Ils ferment la porte avec soin, et s'en vont. Puis le directeur lui-même apparaît. Il a l'air très satisfait. Il referme la porte à clef, donne la clef

à la vendeuse de glaces, qui l'accroche au mur, et entre dans la salle de cinéma.

Le film n'a pas encore commencé lorsque Michel et Paulette pénètrent à leur tour dans la salle. Sur l'écran, on passe encore des réclames.

'Alors, Michel! Qu'est-ce que c'était que tout cela?'

'Moi, je trouve que c'est quand même une drôle de coïncidence! Ces types qui sont venus avaient l'air vraiment louche. As-tu remarqué que quand ils ont quitté cette petite pièce là-bas, ils ne portaient plus leurs valises?'

'Peut-être livraient-ils quelque chose au cinéma?' suggère Paulette.

'Quoi? Des bonbons? Alors, pourquoi tout ce mystère? Pourquoi fermer la porte à clef?'

'Oui, c'est vrai! Ils ne se sont même pas dit bonjour! Alors, qu'est-ce que tu comptes faire?'

'J'attendrai le commencement du film, puis j'irai voir. Tu veux venir?'

'Mais bien sûr que oui!'

8.   Que ça brille!

Les lumières s'éteignent, et les films commencent. D'abord, ce sont les actualités. Michel s'intéresse surtout à un nouvel avion que les Américains viennent d'inventer; et Paulette regarde les dernières modes qui viennent de paraître chez les grands couturiers. Puis, les actualités sont suivies d'un documentaire sur la vie en Australie. Au cours de ce film, Michel donne un coup de coude à Paulette.

'J'y vais,' lui chuchote-t-il. 'Tu viens?'

Paulette se lève, et ils se dirigent tous les deux vers la sortie. Il n'y a plus personne au guichet, mais la vendeuse de glaces est toujours derrière son comptoir. Les jeunes gens s'approchent d'elle.

'Vous désirez, monsieur?' demande la dame.

Michel jette un coup d'œil rapide sur la marchandise. 'Une glace aux ananas, et une à l'abricot,' dit-il; mais il espère que la dame ne les aura pas!

'Voilà votre glace à l'abricot, monsieur,' lui dit-elle. Elle cherche dans le frigidaire. 'Mais attendez un moment, s'il vous plaît. Je vais voir s'il y a des glaces aux ananas là-bas dans le gros frigidaire.'

Elle prend la clef accrochée au mur, descend les marches, et va ouvrir la porte de la petite pièce à côté! Quelle chance! Le gros frigidaire se trouve dans la même pièce que les deux valises!

La dame revient presque aussitôt en rapportant un gros carton plein de glaces. Paulette profite de l'occasion.

'Mais va donc aider madame à porter son carton,' s'écrie-t-elle. 'Donnez-moi votre clef, madame. Je fermerai la porte pendant que vous ouvrez votre carton.'

Michel se précipite en avant pour prendre le carton d'entre les bras de la dame, tandis que Paulette fait semblant de tourner la clef dans la serrure; mais, en fait, elle ne la tourne qu'à demi! La dame revient derrière son comptoir.

'Merci bien, mademoiselle,' dit-elle à Paulette, en souriant gentiment. 'Voulez-vous bien raccrocher cette clef là-bas au mur, s'il vous plaît?'

A ce moment-là, les enfants ont un peu honte de leur ruse; mais qu'est-ce que vous voulez? Il leur faut absolument examiner les deux valises dans la petite pièce.

'Voilà mademoiselle, et voilà monsieur,' leur dit la vendeuse, en leur passant les glaces. 'Et voilà votre monnaie aussi. Au revoir, mademoiselle; au revoir, monsieur.'

Michel et Paulette font semblant de s'en aller vers l'entrée de la salle de cinéma, tout en mangeant leur glace. La vendeuse s'assied, leur tournant le dos, et se met à lire un livre.

'Vite!' chuchote Paulette. 'J'ai laissé la porte ouverte.' Elle tourne doucement le bouton de la porte, et ils passent tous les deux dans la pièce.

A un bout de la pièce, se trouve un énorme frigidaire; à l'autre bout, un coffre-fort. Les jeunes gens voient contre le mur d'en face, un secrétaire; et c'est à côté de ce secrétaire-là qu'ils trouvent les deux valises. Michel hésite une seconde, puis il prend dans sa poche le canif que Tante Sylvie lui a offert pour son anniversaire.* En se servant de ce canif, il force les quatre serrures des valises. Les jeunes gens en examinent le contenu. Dans la première, on a mis trois passeports, dont l'un contient une photo de Georges! Mais, ce qui est encore plus intéressant, la deuxième valise contient non seulement le petit sac en cuir jaune que Georges a passé en contrebande, mais aussi trois autres petits sacs tout pareils, mais de couleurs différentes. C'est le sac de Georges que Michel et Paulette décident d'examiner.

'Dick avait raison,' s'exclame Michel. 'Ce ne sont pas des diamants, bien sûr, mais c'est quelque chose de semblable.'

'Mon Dieu, que ça brille!' dit Paulette doucement, et elle essaie sur sa robe un magnifique collier de perles, de rubis, et d'émeraudes.

'Malheureusement, il est bien évident que nous avons mis la police sur une fausse piste. Ce n'était pas au Touquet ville que Georges et Caroline devaient transporter la contrebande, mais au Touquet cinéma.'

'Mais si tu téléphones tout de suite au commissariat, les agents pourront les prendre quand même. Pas Georges et Caroline, peut-être —mais ce type-là qui fait semblant d'être le directeur du cinéma—on le prendra *en flagrant délit*[1].'

Michel essaie de refermer les serrures des valises. Malheureusement, l'une des serrures est irréparable, et il est obligé de la laisser ouverte.

'Vite! Partons!' dit-il. 'Si ce type à moustache revient, nous serons fichus.'

Ils ouvrent doucement la porte, et se dirigent d'une allure aussi tranquille que possible vers la sortie du cinéma. La vendeuse lève la tête au moment où ils passent à côté de son comptoir.

'Qu'est-ce qu'il y a?' demande-t-elle. 'Le film ne vous plaisait pas?'

'Euh·... non,' lui répond Paulette. 'Il y avait trop ... euh ... trop de violence. Ça m'a effrayé.'

Sans attendre la réponse de la vendeuse, les jeunes gens se précipitent vers la sortie du foyer.

* Voir *Mystère au Bois de Boulogne.*
[1] *en flagrant délit*—red-handed.

9. Une rencontre inattendue

'Holà, vous deux. Arrêtez-vous là!'

C'est le directeur du cinéma qui les appelle, et Michel et Paulette comprennent, à son ton, qu'il n'est pas du tout content.

'Vite,' s'écrie Michel à Paulette, 'il nous a vus quand nous sortions de son bureau.'

Et, en fait, c'est exactement ce qui s'est passé. Le directeur est entré dans le foyer du cinéma juste au moment où les jeunes gens fermaient la porte de la petite pièce. Il y a jeté un coup d'œil pour s'assurer que tout y était toujours en ordre, et il a remarqué tout de suite que les valises n'étaient plus au même endroit.

Michel et Paulette se précipitent dans la rue, mais le directeur, au lieu de courir après eux, rentre dans le foyer du cinéma, et crie, comme un enragé:

'François, André, venez vite! J'ai du travail pour vous deux.'

Deux gorilles vêtus de noir apparaissent à la porte du bureau.

'Moustaches noires' leur dit quelques mots tout bas, et ils se mettent tous les trois à la poursuite de Michel et de Paulette. Ceux-ci sont en train de courir le long de la rue, à la recherche d'une cabine téléphonique. Les trois bandits, après avoir passé par une petite rue bien sombre, derrière le cinéma, apparaissent de nouveau à dix mètres devant les jeunes gens, et leur barrent le passage.

'Michel!' hurle Paulette, 'Vite! Cours!'

Mais c'est trop tard. Les bandits les saisissent, et les entraînent avec violence dans la petite rue sombre. Michel et Paulette crient de toutes leurs forces, mais c'est inutile. Ils sont arrivés dans un quartier peu fréquenté, et il n'y a personne pour faire attention à eux. Tout à coup, ils se trouvent devant une porte dont la peinture est vieille et craquelée. François y donne trois coups. Un bruit de pas se fait entendre, et la porte s'ouvre.

'Mon Dieu,' s'écrie Paulette. 'C'est Caroline!'

Les trois bandits poussent les enfants vers un ascenseur au bout d'un long couloir étroit et obscur. Ils y entrent tous, et l'ascenseur monte au deuxième étage. Quelques moments plus tard, ils se trouvent dans un appartement qui surprend les enfants par son élégance. On l'a meublé avec beaucoup de goût. Deux chaises et une table de style Louis XV en occupent le centre. Les murs sont garnis de belles peintures. On a suspendu au plafond un beau lustre de crystal. Deux fauteuils couverts de velours bleu foncé ont été placés près de la fenêtre, dont les rideaux sont en tissu blanc et transparent.

'Oh, que c'est beau!' s'écrie Paulette. Mais ils n'ont guère le temps d'admirer.

'Il paraît que ces deux gosses t'ont reconnue, Caroline,' dit l'homme aux moustaches noires.

'Oui, Claude, et j'essaie de me rappeler où je les ai vus. Leurs visages me sont vaguement familiers.' Elle fait claquer ses doigts.

'Ça y est! Je m'en souviens! Ils étaient sur le bateau, quand j'ai traversé avec Georges. Mais nous croyions que c'étaient des Anglais, puisqu'ils parlaient en anglais; et le type qui les accompagnait était certainement un Anglais.'

'Alors! Drôle de coïncidence! Je viens de les trouver qui fourraient leur nez dans les valises au cinéma. Les serrures en étaient forcées; ils ont certainement fouillé dedans.'

'Eh bien, toi, le garçon—qui était donc cet Anglais qui faisait la traversée avec vous?' (C'est Caroline qui parle.)

'C'était un ami,' répond Michel.

'Ou bien un sale douanier!' ajoute Claude, en colère.

'Oui, c'était un douanier!' s'exclame Paulette. 'Il est déjà allé au commissariat de police. On savait bien que vous étiez des contrebandiers, et nous vous avons poursuivis jusqu'au Touquet. Dans cinq minutes, les agents arriveront au cinéma. Ils trouveront tous ces bijoux volés, et ils vous arrêteront tous!'

Claude et Caroline hésitent.

'As-tu vu cet Anglais au cinéma, Claude?' demande Caroline.

'Non. Je n'ai vu que ces deux gosses.'

'Alors, c'est peut-être du bluff de leur part?'

'Peut-être. Mais je préfère ne pas prendre de risque. Si nous nous dépêchons, nous aurons peut-être le temps de prendre les bijoux, et de nous sauver. Si les flics trouvent ces deux valises au Touquet, alors, on est fichu.'

'Voulez-vous que je vous débarrasse de ces misérables gosses?' demande un des gorilles, en tapotant du doigt un petit revolver qu'il a pris dans sa poche.

'Oui, mais ce sera pour plus tard, quand nous serons de retour. Toi, Caroline, tu resteras ici pour garder les gosses. Tiens—voici la clef de l'appartement. Nous rentrerons dans dix minutes. Prends le revolver aussi. S'ils essayent de s'échapper—tire!'

Et Claude et les deux gorilles sortent de l'appartement, en fermant la porte derrière eux.

10. Ça chauffe!

'Asseyez-vous là! et surtout, ne bougez pas!' ordonne Caroline, après le départ des trois autres. Les enfants s'asseyent sur les chaises Louis XV, de l'autre côté de la table.

Caroline est évidemment très énervée. Ses doigts tremblent lorsqu'elle fouille dans son sac à main pour y prendre un paquet de cigarettes américaines. Elle tend la main vers la table élégante, et saisit un beau briquet argenté pour allumer sa cigarette; puis elle se met à fumer tout en marchant de long en large dans l'appartement. De temps en temps, elle jette un coup d'œil par la fenêtre vers la rue en bas. Enfin, elle s'assied dans un fauteuil, et repose sa main droite, qui tient le revolver, sur ses genoux. Elle se met à feuilleter un magazine, tout en continuant de fumer.

Michel et Paulette se creusent la cervelle pour trouver un moyen de s'échapper. Ils savent bien que s'ils attendent le retour des hommes, quelque chose de très désagréable leur arrivera. Tout à coup, une idée commence à germer dans la tête de Michel. Tout près de son pied droit, il y a une corbeille, toute pleine de bouts de papier et d'enveloppes. Le briquet est sur la table, à douze centimètres de sa main droite. Caroline est maintenant absorbée dans son journal, et ne prête aucune attention à eux Doucement, petit à petit, Michel avance la main vers le briquet. Paulette le regarde, fascinée. Elle n'ose presque pas respirer. Michel saisit le briquet, puis, retire la main aussi lentement que possible. Il allume le briquet. Dans le silence profond de l'appartement, le cliquetis léger semble retentir comme un coup de revolver; mais, au même instant, Caroline tourne la page de son journal, et ne semble pas en remarquer le bruit. Michel se penche un peu en avant, et tient le briquet allumé contre un bout de papier dans la corbeille. Le contenu de la corbeille prend feu presque aussitôt. Du pied droit, Michel pousse la corbeille flambante vers les rideaux,

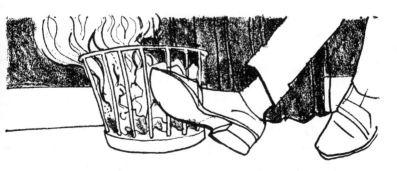

et quelques secondes plus tard, de longues flammes jaillissent le long des rideaux, vers le plafond.

Caroline lève la tête, et pousse un cri d'horreur, lorsqu'elle voit son appartement en flammes! Elle est prise de panique, et se met à hurler: 'Mes peintures! Mes meubles! Il faut les sauver!'

'La porte!' s'écrie Paulette, 'Ouvrez la porte, autrement nous serons brûlés vifs!!'

'Allez chercher un extincteur!' ordonne Michel. 'Il y en a certainement un dans le couloir!'

Caroline obéit comme si elle était hypnotisée. Après avoir ouvert la porte de ses doigts tremblotants, elle se précipite dans le couloir, et descend l'escalier qui mène au premier étage pour chercher l'extincteur.

En un éclair, Michel et Paulette se jettent dans l'ascenseur, et appuient sur le bouton qui les fera descendre au rez-de-chaussée.

Ils tambourinent à la porte du concierge, en criant de toutes leurs forces: 'Ouvrez! Ouvrez! Au feu! Au feu!'

La porte s'ouvre, et un vieillard aux cheveux gris apparaît, en clignotant des yeux, comme s'il vient de se réveiller.

'Vous avez le téléphone, monsieur?' lui demande Michel. 'Eh bien, il faut téléphoner à la Police, et aux pompiers. Vous avez des bandits qui logent au deuxième étage, et un incendie s'est déclaré dans leur appartement!'

Malheureusement, cette nouvelle catastrophique est un peu désastreuse pour le vieux bonhomme. C'est la première fois de sa vie qu'une telle chose lui arrive, et *il n'en peut plus*[1]. Le regard éperdu, il s'effondre dans son fauteuil, en murmurant des paroles confuses.

'Oh, le pauvre!' s'exclame Paulette. 'Vite, Michel—tu devras téléphoner toi-même. Voilà le téléphone là-bas, dans le coin.'

Pendant que Michel appelle la police, Paulette s'occupe du pauvre vieillard, dont le visage est maintenant livide. Avant l'arrivée des enfants, il était très certainement en train de boire du café, car sa tasse se trouve à moitié vide sur la table. Paulette essaie de lui en faire boire un peu plus, et peu à peu, *il revient à lui*[2].

Entretemps, Michel, au téléphone, est en train d'expliquer la situation au commissaire de police. Quand il a fini de parler, le commissaire lui promet que *la brigade mobile*[3] sera sur place dans cinq minutes. Ensuite, Michel appelle les pompiers. Puis, il s'adresse au concierge.

'Monsieur,' dit-il, 'pouvez-vous me dire combien de personnes habitent ici? Il faut les avertir du danger.'

'En ce moment,' réplique le concierge, d'une voix faible, 'à part ceux qui habitent au deuxième étage, il n'en reste que trois. Tous les autres sont partis en vacances. Mais, voyez-vous, il y a une sonnerie d'alarme dans le couloir. Vous n'avez qu'à appuyer dessus.'

'Bon—j'y vais,' et Michel se jette dans le couloir.

Quelques secondes plus tard, la sonnerie d'alarme retentit partout dans la maison; mais à ce moment même, on entend des voix agitées dehors, sur le trottoir.

'Regardez! Mon Dieu! Vous avez vu? Il y a des flammes là-haut! La maison brûle! Allons-y! Il faut retrouver Caroline!'

Ce sont les bandits qui sont revenus.

[1] *il n'en peut plus*—it's too much for him
[2] *il revient à lui*—he recovers
[3] *la brigade mobile*—the Flying Squad

11.   Haut les mains!

Michel se tourne vers la porte d'entrée, et se trouve face à face avec Claude, suivi des deux gorilles.

'Bon sang! Voilà un de ces sacrés gosses. Mais *comment se fait-il que*[1] . . .?'

Mais il n'a pas le temps d'achever sa phrase. Michel saisit une chaise qu'il trouve à côté de la sonnerie, et la jette de toutes ses forces à la tête de Claude. Celui-ci perd son équilibre, et retombe en arrière dans les bras de ses copains; ce qui permet à Michel de se précipiter encore une fois dans le bureau du concierge, et de claquer la porte derrière lui. D'une main tremblante, il tourne la clef de la porte. Les enfants entendent la voix furieuse de Claude qui hurle:

'Ouvrez-moi cette porte, ou je l'enfonce!'

(A ce moment, le pauvre concierge s'évanouit de peur.)

La même voix dehors donne de nouveaux ordres.

'Toi, François, va chercher Caroline. Elle a sûrement perdu la tête. Elle a horreur des incendies. Toi, André, tu m'aideras à enfoncer cette porte. Mais vas-y, François, bon sang! Mais qu'est-ce que tu attends, donc?'—et des pas rapides s'éloignent de la porte.

Un coup sourd se fait entendre au moment où l'un des bandits se jette de tout son poids contre la porte.

Pendant tout ce temps, le bruit perçant de la sonnerie d'alarme continue de retentir dans toute la maison: et maintenant, les enfants entendent des cris aigus dans l'escalier. Ce sont évidement les locataires effrayés qui se précipitent au rez-de-chaussée.

'Silence! Rangez-vous là-bas contre le mur,' ordonne la voix dure et menaçante d'André. 'Et ne bougez pas, ou je tire.'

Les coups sourds contre la porte recommencent, quand Claude redouble d'efforts pour l'enfoncer.

'Michel! La porte commence à céder! Aide-moi à coincer cette table contre la serrure!'

Mais maintenant, par-dessus le bruit de la sonnerie, se fait entendre le klaxon des voitures de police. Les coups sourds contre la porte s'arrêtent tout à coup.

'Vite, André, voilà les flics! *Filons*[2]*!*'

Mais c'est trop tard. Dehors dans la rue, on entend un grincement de freins; des portières claquent, et presque aussitôt, une demi-douzaine d'agents entrent précipitamment dans le vestibule.

'Alors, vous deux. Jetez votre revolver par terre! *Haut les mains*[3], et pas de bêtises; la maison est entourée.'

*   *   *

Le lendemain matin, 28 août, la première édition de *Paris Matin* montre en première page, une photo de Michel et de Paulette, suivie de cet article:

Drame au Touquet

Hier soir, à vingt-deux heures, deux jeunes gens, Michel Létain et sa cousine Paulette Rochard, ont été les vedettes d'un incident qui a eu lieu dans la banlieue de Paris. Après avoir remarqué certains faits inquiétants au Touquet, cinéma tout proche de Neuilly, ils ont trouvé de la contrebande cachée dans deux valises dans un des bureaux du cinéma.

Jetés brutalement dans un appartement de la Rue de Riquet, ils ont réussi à s'échapper en y mettant le feu. Heureusement, ils ont eu la présence d'esprit d'appeler les pompiers en même temps que la Police, et les appartements voisins n'ont pas été touchés par l'incendie.

Très courageusement, ils ont tenu tête à trois des contrebandiers

33

en attendant l'arrivée des agents, qui sont venus juste à temps pour arrêter tous les criminels.

Monsieur Villiers, âgé de 65 ans, concierge de l'immeuble, a dû être hospitalisé pour choc nerveux. Mais son dernier bulletin de santé était rassurant.

Notre reporter est arrivé tout de suite sur les lieux, et, pendant que le commissaire de police arrêtait les quatre bandits, il a posé cette question au jeune Létain:

'Quel a été pour vous, Monsieur, l'aspect le plus effrayant de toute cette aventure?'

Le jeune homme n'a pas hésité. Il a répondu: 'La pensée de ce que dira mon père quand je rentrerai tard à la maison pour la deuxième fois en deux jours.'

IS MATIN
AU TOUQUET !

es Brutalement !

en y mettant le feu
que la police
par l'incendie
tenu tête à trois
les criminels
âgé de 65 ans
choc nerveux.

FIN

[1] *comment se fait-il que?*—how has it happened that?
[2] *Filons!*—Let's get out of here!
[3] *Haut les mains!*—Hands up!

Questions

1. A bord du ferry

1. Où Paulette et Michel ont-ils passé leurs vacances?
2. Qui les a invités?
3. Pendant combien de jours sont-ils restés en Angleterre?
4. Où ont-ils rencontré pour la première fois leur ami Dick Arundel?
5. Pourquoi Paulette et Michel doivent-ils rentrer en France?
6. Comment font-ils le voyage?
7. Regardez une carte d'Angleterre. Combien de kilomètres ont-ils faits pour aller de Londres à Folkestone?
8. Dans quel port de France débarqueront-ils?
9. Quand on voyage à l'étranger en voiture, quels documents faut-il posséder?
10. Où les douaniers inspecteront-ils les bagages?
11. Quelle plaisanterie Michel fait-il au sujet des 'lingots d'or'?
12. Quelle automobile M. Létain achètera-t-il l'année prochaine?
13. Pourquoi une Citroën Safari est-elle très pratique pour les vacances?
14. Qu'est-ce que Paulette mettra quand elle montera sur le pont?
15. Quelles chaussures Michel a-t-il portées pendant le trajet de Londres à Folkestone?
16. Que portera-t-il pour se promener sur le pont?
17. Où a-t-il laissé ses autres chaussures?
18. Pourquoi le pneu arrière de la Citroën se dégonfle-t-il?
19. Pourquoi l'homme ne voit-il pas Michel?
20. Que fait l'homme après avoir remis le chapeau de la valve?

2. Le pneu dégonflé

1. A quelle heure le bateau partira-t-il?
2. Selon Dick, qu'est-ce qui a certainement crevé le pneu?
3. Pourquoi Michel insiste-t-il pour dire que le pneu ne s'est pas dégonflé tout seul?
4. Pourquoi Dick et Paulette n'ont-ils rien vu?
5. Comment Michel a-t-il vu ce que faisait l'homme?

6. Où les amis déjeuneront-ils?
7. Pourquoi Michel n'est-il pas content d'avoir laissé son appareil dans la voiture?
8. Pourquoi devra-t-il se dépêcher s'il veut chercher son appareil?
9. Qu'est-ce que le propriétaire de la Citroën a sans doute demandé au membre de l'équipage?
10. Combien de minutes mettra-t-il à changer son pneu?
11. Pourquoi est-ce que tout est silencieux sur le pont des voitures?
12. Pourquoi l'homme enlève-t-il l'enjoliveur de sa voiture?
13. Où est la Triumph?
14. Que fait l'homme du sac en cuir?
15. Pourquoi Michel se tient-il bouche bée?
16. Combien de minutes l'homme a-t-il mises pour achever son travail?
17. Quel mensonge l'homme a-t-il donc dit au marin?
18. Pourquoi le marin est-il surpris?
19. Pourquoi l'homme donne-t-il un pourboire au marin?
20. Pourquoi Michel est-il obligé de partir sans avoir pris son appareil dans la voiture?

3. Les 'cailloux'

1. Pourquoi Michel est-il essoufflé en arrivant sur le pont des passagers?
2. Pourquoi Paulette est-elle si impatiente?
3. Pourquoi Michel est-il si surexcité?
4. Pourquoi Paulette se moque-t-elle de Michel?
5. Quelle suggestion fait Dick?
6. Quel repas les amis ont-ils commandé?
7. Pourquoi mangent-ils sans parler?
8. Comment était le sac que l'homme a caché dans la Triumph?
9. Pourquoi l'homme a-t-il sans doute inventé l'histoire du pneu crevé?
10. Pourquoi Dick n'a-t-il pas le temps d'expliquer la 'vieille ruse de contrebandier'?
11. Quel compagnon l'homme a-t-il invité au restaurant?
12. Quels apéritifs Georges et Caroline boiront-ils?
13. Prendront-ils de la glace?
14. Pourquoi Georges pense-t-il que Michel, Paulette et Dick sont des Anglais?
15. Qui examinera la Safari?
16. Pourquoi ces personnes ne trouveront-elles rien?
17. Où Georges reprendra-t-il les 'cailloux'?
18. Où les transportera-t-il?

19. Pour quelle région de la France Dick partira-t-il quand ils débarqueront?
20. Jusqu'à quelle ville Michel et Paulette l'accompagneront-ils?

4. A la Douane

1. Qu'est-ce que le haut-parleur leur demande de faire?
2. Pourquoi Dick est-il inquiet quand il entend cette voix?
3. Où doivent-ils présenter leur passeport?
4. Pourquoi n'y a-t-il que le contrôleur au bureau?
5. Lesquels des passeports le contrôleur examine-t-il le plus longtemps?
6. Pourquoi beaucoup de voyageurs se sont-ils déjà rassemblés sur le pont des passagers?
7. Dans combien de minutes le bateau arrivera-t-il à Calais?
8. Qu'est-ce que les propriétaires des voitures doivent faire?
9. Où sont Georges et Caroline quand les amis montent dans la Mercédès?
10. Qu'est-ce que Michel et Paulette ont appris, et que le propriétaire de la Triumph ignore?
11. Quel temps fait-il quand les amis débarquent?
12. Pourquoi faisait-il noir sur le pont inférieur?
13. Pourquoi Georges sourit-il lorsque les douaniers visitent sa voiture?
14. Qu'est-ce que Paulette veut faire?
15. Pourquoi Dick défend-il à Paulette de parler aux douaniers?
16. Qu'est-ce que Paulette pourra faire plus tard pour avertir les douaniers?
17. Où iront les escrocs quand ils auront la contrebande?
18. Que feront les douaniers quand ils auront les informations nécessaires?
19. Qu'est-ce que le douanier demande aux amis?
20. Pourquoi les douaniers laissent-ils partir la Citroën?

5. La Poursuite

1. Pourquoi Georges et Caroline attendent-ils l'arrivée de la Triumph?
2. Laquelle des trois voitures peut filer le plus vite—la Triumph, la Citroën, ou la Mercédès?
3. Pourquoi Dick poursuit-il les deux voitures?
4. Pourquoi Michel et Paulette sont-ils surexcités?
5. Selon Michel, que fera Georges?
6. Pourquoi Dick et Michel pensent-ils qu'il y aura des diamants dans le sac?
7. Pourquoi Dick dit-il que Michel ne saura jamais ce qu'il y avait dans le sac?
8. Pourquoi Dick continue-t-il la poursuite?

9. Qu'est-ce que les ouvriers sont en train de faire?
10. Comment les amis passent-ils le temps pendant le trajet sur l'autoroute?
11. Regardez une carte de la France. Quelles grandes villes les amis ont-ils évitées sur la route de Paris?
12. Qu'est-ce que Dick devra faire quand ils seront à Paris?
13. Pourquoi donc les jeunes gens ne doivent-ils pas s'exciter?
14. Que feront Michel et Paulette si les deux voitures s'arrêtent avant d'arriver à la Porte de la Villette?
15. Où Dick laissera-t-il les bagages des jeunes gens?
16. Que dira-t-il aux parents de Paulette et de Michel?
17. Pourquoi ne roulent-ils plus à 120 à l'heure quand ils arrivent à Paris?
18. Pourquoi la Citroën et la Triumph peuvent-elles se séparer de la Mercédès?
19. Pourquoi les enfants sont-ils en colère contre l'agent?
20. Comment Dick rassure-t-il les jeunes gens?

6. Georges s'en va au Touquet

1. Pourquoi la Citroën tourne-t-elle à gauche?
2. Que fera Dick si les enfants veulent descendre de la voiture?
3. Pourquoi Paulette est-elle indignée?
4. Où Dick dépose-t-il les jeunes gens?
5. Pourquoi remercient-ils Dick?
6. Où Dick passera-t-il les vacances de Noël?
7. Pourquoi Dick ne pouvait-il pas accepter l'invitation des parents de Michel d'aller chez eux pendant l'été?
8. Quelles sortes d'activités peut-on faire sur un terrain de camping?
9. Où les conducteurs des deux voitures les ont-ils garées?
10. Qu'est-ce que le conducteur de la Triumph vient de faire de sa voiture?
11. Pourquoi veut-il savoir où est le magasin le plus proche?
12. Où achètera-t-il les allumettes?
13. Que font Georges et Caroline après avoir trouvé le sac?
14. Pourquoi Paulette est-elle déçue?
15. Pourquoi doivent-ils téléphoner à la Douane?
16. Pourquoi ont-ils décidé de garder l'anonymat?
17. Mettez-vous à la place du douanier qui reçoit le coup de téléphone. Imaginez que vous racontez à un collègue ce que vous venez d'entendre. Dites-lui vos réactions, et ce que vous en pensez.

7. Visite au cinéma

1. Pourquoi Michel a-t-il apporté le journal?
2. Comment les jeunes gens sont-ils allés du terrain de camping jusqu'à l'arrêt d'autocar?
3. A quelle distance du terrain de camping l'arrêt était-il situé?
4. Pourquoi cette promenade n'était-elle pas très agréable?
5. Pourquoi sont-ils descendus du car à la Porte de la Villette?
6. Pourquoi sont-ils montés chez Michel?
7. Qu'est-ce qu'ils devaient manger pour le dîner?
8. Qu'est-ce qui intéressait surtout les parents quand les jeunes gens sont rentrés?
9. Combien de jours Dick passera-t-il chez les Létain à Noël?
10. Pourquoi sont-ils un peu tristes aujourd'hui?
11. Quand Michel a-t-il déjà essayé de trouver un film?
12. Quelle sorte de film cherchait-il?
13. Pourquoi Michel ne veut-il pas aller voir *La Roue qui tourne*?
14. Pourquoi Michel croit-il que Georges et Caroline se sont échappés?
15. Pourquoi les jeunes gens décident-ils d'aller voir *Bons Baisers de Russie*?
16. A quelle heure Michel passera-t-il chez sa cousine?
17. Pourquoi Paulette ne veut-elle pas de glace quand ils font la queue?
18. Comment savez-vous que le directeur du cinéma attendait les deux hommes?
19. Pourquoi Michel et Paulette trouvent-ils tout cet incident très louche?
20. Que feront Michel et Paulette après le commencement du film?

8. Que ça brille!

1. Qui est-ce qui a inventé l'avion qui intéresse Michel?
2. A quoi Paulette s'intéresse-t-elle?
3. Où est-ce qu'on a tourné le film documentaire?
4. Pourquoi n'y a-t-il plus personne au guichet?
5. Pourquoi la vendeuse doit-elle quitter son comptoir?
6. Où la clef de la petite pièce est-elle accrochée?
7. Qui l'a donnée à la vendeuse?
8. Qu'est-ce que Paulette demande à Michel de faire pour la dame?
9. Pourquoi Paulette veut-elle obtenir la clef de la pièce?
10. Pourquoi la dame croit-elle que Paulette a fermé à clef la porte de la petite pièce?
11. Pourquoi les enfants ont-ils honte? Qu'est-ce qu'ils ont fait?
12. Pourquoi Michel et Paulette peuvent-ils pénétrer tout de suite dans la pièce?

13. Où est-ce qu'on a laissé les deux valises?
14. Quand Michel a-t-il reçu le canif qu'il prend dans sa poche?
15. Comment les enfants peuvent-ils reconnaître le petit sac en cuir jaune?
16. Pourquoi Dick avait-il raison? Qu'est-ce qu'il a dit?
17. Comment Michel a-t-il mis les agents sur une fausse piste?
18. Lequel des bandits les agents pourront-ils arrêter si Michel leur téléphone tout de suite?
19. Pourquoi est-ce qu'une des serrures est cassée?
20. Pourquoi la dame est-elle surprise de voir les enfants quitter le cinéma?

9. Une rencontre inattendue

1. Qui a vu les jeunes gens sortir de la petite pièce?
2. Que faisaient Michel et Paulette au moment où il est arrivé?
3. Qu'est-ce qu'il a découvert quand il a jeté un coup d'œil dans la pièce?
4. Pourquoi rentre-t-il à son bureau?
5. Qu'est-ce qu'il ordonne aux deux gorilles de faire?
6. Qu'est-ce que Michel et Paulette ont décidé de faire?
7. Par où les bandits ont-ils dû passer pour rattraper les jeunes gens?
8. Pourquoi les bandits peuvent-ils enlever les jeunes gens sans attirer d'attention?
9. Comment Paulette reconnaît-elle la dame qui ouvre la porte?
10. Quels meubles a-t-on mis dans l'appartement?
11. Quand Caroline a-t-elle vu les enfants pour la première fois?
12. Pourquoi Georges et Caroline n'ont-ils pas fait attention aux enfants?
13. Comment Claude sait-il que les enfants ont 'fourré leur nez' dans les valises?
14. Qu'est-ce que Caroline veut savoir?
15. Quels mensonges Paulette dit-elle aux bandits?
16. Pourquoi Caroline dit-elle que c'est du bluff?
17. Pourquoi Claude décide-t-il qu'il faut se dépêcher pour rentrer au Touquet?
18. Que fera le gorille quand tous les bandits seront de retour?
19. Pourquoi Caroline restera-t-elle dans l'appartement?
20. Combien de temps faudra-t-il aux bandits pour aller au cinéma?

10. Ça chauffe!

1. Quand est-ce qu'on se sert d'un briquet?
2. Qui était Louis XV?
3. Qu'est-ce qu'on a jeté dans la corbeille?

4. Pourquoi les jeunes gens ne veulent-ils pas attendre la rentrée des bandits?
5. Pourquoi n'était-ce pas une bonne idée de la part des bandits de laisser Caroline pour garder les enfants?
6. Pourquoi Michel décide-t-il de mettre le feu à l'appartement?
7. Quelle partie de l'appartement prend feu la première?
8. Quelle est la première pensée de Caroline lorsqu'elle voit l'appartement en flammes?
9. Qu'est-ce que Paulette ordonne à Caroline de faire?
10. Où Caroline doit-elle aller chercher l'extincteur?
11. Pourquoi les jeunes gens descendent-ils de toute urgence chez le concierge?
12. Pourquoi le concierge s'effondre-t-il quand il entend la nouvelle?
13. Pourquoi Michel est-il obligé de téléphoner à la place du concierge?
14. Que fait Paulette pour aider le concierge?
15. Que fera le commissaire de police dans cette situation?
16. Pourquoi Michel téléphone-t-il aux pompiers en même temps?
17. Pourquoi Michel veut-il savoir combien de locataires il y a dans l'immeuble?
18. Que fera-t-il pour les avertir de l'incendie?
19. Quelles sont les voix qu'on entend venant de dehors?
20. Qu'est-ce que les bandits ont vu?

11. Haut les mains!

1. Lequel des bandits est entré le premier?
2. Pourquoi Claude est-il surpris de voir Michel?
3. Pourquoi Claude retombe-t-il dans les bras de ses copains?
4. Pourquoi est-il enragé?
5. Qu'est-ce que François doit faire, et pourquoi Claude se met-il en colère contre lui?
6. Quel mélange de bruits les enfants peuvent-ils entendre?
7. Pourquoi les locataires descendent-ils au rez-de-chaussée?
8. Qu'est-ce qu'André menace de faire aux locataires?
9. Comment Michel et Paulette essayent-ils d'empêcher les bandits d'entrer chez le concierge?
10. Pourquoi Claude et André décident-ils de se sauver?
11. Pourquoi ne réussissent-ils pas à s'échapper?
12. Selon le journal, quand exactement toute cette aventure a-t-elle eu lieu?
13. Quel journal a composé l'article sur Michel et Paulette?
14. Où exactement l'appartement des bandits était-il situé?

15. Combien des contrebandiers les agents ont-ils pu arrêter?
16. Pourquoi a-t-on hospitalisé M. Villiers?
17. Comment va-t-il?
18. Est-ce que l'immeuble entier a été brûlé?
19. Qui est-ce qui a posé des questions aux enfants?
20. Pourquoi Michel est-il surtout inquiet?

Vocabulary

abricot (m.): apricot

accompagner: to accompany

accrocher: to hang up, hook up

accroupi(e): crouched

s'accroupir: to crouch

acheter (j'achète, il achète, nous achetons, ils achètent; p.p. acheté): to buy

achever (as acheter): to finish

actualités (f.pl.): news

addition (f.): bill

s'adresser à qn.: to address s.o.

agent (m.): policeman

aigu(ë): sharp, piercing

ainsi: so

aller (je vais, tu vas, il va, nous allons, ils vont; p.p. allé): to go

s'en aller (as aller): to go away

allumer: to light

allumette (f.): match

allure (f.): gait, way of walking

alors: well then! so what? then; next; so

ananas (m.): pineapple

angoissé(e): in agony, agonized

année prochaine (f.): next year

apparaître (j'apparais, il apparaît, nous apparaissons, ils apparaissent; p.p. apparu): to appear

appareil (m.): camera; phone

appeler (j'appelle, il appelle, nous appelons, ils appellent; p.p. appelé): to call

apporter: to bring

apprendre (as prendre): to learn

après avoir (with p.p.): after having

s'approcher de: to approach

appuyer (j'appuie, il appuie, nous appuyons, ils appuient; p.p. appuyé): to lean, press

argent (m.): money, silver

argenté(e): silver-plated

arrêt d'autocar (m.): (country) bus-stop

arrêter: to arrest

s'arrêter: to stop

à l'arrière: at the back, in the back

arrivée (f.): arrival

ascenseur (m.): lift

s'asseoir (je m'assieds, il s'assied, nous nous asseyons, ils s'asseyent; p.p. assis): to sit down

assez: quite; enough

assiette (*f.*): plate

assurance (*certificat d'*): insurance (certificate)

attendre: to wait for

s'attendre à: to expect

attirer l'attention: to attract the attention

attraper: to catch

au lieu de: instead of

aura, aurai: see v.t. *avoir*

aussi . . . que: as . . . as

aussitôt: immediately

autoroute (*f.*): motor-way

autour de: around

autre: other

autrement: otherwise

avant, avant de: before

  en avant: forwards

avertir: to warn, let s.o. know

avion (*m.*): aeroplane

avoir honte: to be ashamed

avoir l'air: to seem, to look

avoir lieu: to take place

avoir peur: to be afraid

avoir raison: to be right

avoir soif: to be thirsty

baisser: to lower

ballon (*m.*): beach-ball, football

banlieue (*f.*): suburbs, outskirts

banquette (*f.*): seat (of car)

bas (*basse*): low, quiet

  en bas: below, down here, down there

bateau (*m.*): boat

besoin (*m.*): need

bêtise (*f.*): nonsense, foolishness

bientôt: soon

  à bientôt!: see you later!

bifteck-frites (*m.*): steak and chips

bijou (*m.*): jewel

boire (*je bois, il boit, nous buvons, ils boivent; p.p. bu*): to drink

boiront: see v.t. *boire*

bon (*bonne*): good, right

bonhomme (*m.*): fellow

bouche bée (*f.*): open-mouthed

bouger: to move

bout (*m.*): end, bit

bouton (*m.*): button, knob

briller: to shine

briquet (*m.*): lighter

bruit (*m.*): noise

  bruit de pas: footstep(s)

brûler: to burn

brune: brunette

brusquement: abruptly, suddenly

bureau (*m.*): office

buvait: see v.t. *boire*

cabine téléphonique (*f.*): telephone kiosk

cacher: to hide

cachet (*m.*): seal, stamp

caillou (*m.*): pebble, stone

cajoleur (*-euse*): wheedling, coaxing

cale (*f.*): 'hold', car-deck

camion (*m.*): lorry

canif (*m.*): pocket-knife

car: because, for

car (*m.*): bus (for long distances)

caractère (*m.*): letter

carrefour (*m.*): cross-roads

carte (*f.*): map

cas (*m.*): case

  en tout cas: in any case

causer: to talk, have a chat

céder: to yield, give way

celle (*f.*), *celui* (*m.*), *ceux* (*m.pl.*), *celles* (*f.pl.*): the one (ones), that, (those)

centaine (*f.*): about a hundred

central (*m.*): telephone exchange

cervelle (*f.*): brain
    se creuser la cervelle: to rack one's brains

chance (*f.*): luck

charbon (*m.*): coal

chasser: to hunt, chase

chaud(e): hot

chauffer: to heat
    ça chauffe!: things are hotting up!

chaussette (*f.*): sock

chaussure (*f.*): shoe

chercher: to look for

chose (*f.*): thing
    quelque chose: something

chuchoter: to whisper

chut!: ssh!

cidre (*m.*): cider

circulation (*f.*): traffic

clair(e): light, clear

claquer: to slam
    claquer des doigts: to snap one's fingers

clef (*f.*): key

clignoter des yeux: to blink

clin (*m.*) *d'œil:* wink

cliquetis (*m.*): click

clou (*m.*): nail

cœur (*m.*): heart
    de bon cœur: heartily

coffre (*m.*): boot of car

coffre-fort (*m.*): safe

coin (*m.*): corner

coincer: to wedge

col (*m.*): collar

en colère: angry
    se mettre en colère: to get angry

collègue (*m.*): colleague

collier (*m.*): necklace

comme d'habitude: as usual

commissaire (*m.*) *de police:* chief of police

commissariat (*m.*): police-station

compagne (*f.*): companion (feminine)

comprendre (as *prendre*)*:* to understand

compris: understood, included, including

compter: to count

comptoir (*m.*): counter

concierge (*m.*): hall-porter, janitor, caretaker

conducteur (*m.*): driver

connaître (*je connais, il connaît, nous connaissons, ils connaissent; p.p. connu*)*:* to know (a person)

construire (*je construis, il construit, nous construisons, ils construisent; p.p. construit*)*:* to build

contenir (as *tenir*)*:* to contain

contenu (*m.*): contents

contourner: to by-pass

contre: against

passer en contrebande: to smuggle

contrebandier (*m.*): smuggler

contrôleur (*m.*): inspector

copain (*copine*)*:* pal, friend (sl.)

coquin (*m.*): rogue

corbeille (*f.*): basket

côte (*f.*): coast, side

côté (*m.*): side

coude (*m.*): elbow

couloir (*m.*): corridor

coup (*m.*)*:* blow, punch, thump, blast
    coup d'œil: glance
    coup de revolver: revolver shot
    coup de téléphone: telephone call

courir (*je cours, il court, nous*

courons, ils courent; p.p. couru): to run

au cours de: in the course of, during

couturier (m.): dress-designer

se creuser la cervelle: to rack one's brains

crever: to burst, puncture

croire (je crois, il croit, nous croyons, ils croient; p.p. cru): to believe

cuir (m.): leather

cuisinière (f.): cooker

d'abord: at first; first of all

d'accord: agreed; very well

   se mettre d'accord: to agree

débarquer: to disembark

débarrasser: to get rid of

déclarer: to declare

découvrir (as ouvrir): to discover

décrire (as écrire): to describe

déçu(e): disappointed

dedans: inside

défendre: to forbid

(se) dégonfler: to deflate, 'go down' (of tyre)

dehors: outside

déjà: already

déjeuner: to have lunch

délai (m.): delay

demi-tour (m.):

   faire demi-tour: to turn round, turn back

à demi: half

dépasser: to overtake

   les yeux dépassent à peine: eyes scarcely come over the top of

se dépêcher: to hurry up

déposer: to put down, leave

dès que: as soon as

dessus: on it

deuxièmement: secondly; in the second place

déviation (f.): detour

dévisser: to unscrew

devoir (je dois, il doit, nous devons, ils doivent; p.p. dû): to have to; must

devrez: see v.t. *devoir*

mon Dieu!: good heavens!

dira: see v.t. *dire*

diriger: to direct, control

se diriger: to make one's way, move

disparaître (as apparaître): to disappear

doigt (m.): finger

dommage (m.): pity

donc: therefore, then, so

dont: of whom, whose

dormir (je dors, il dort, nous dormons, ils dorment; p.p. dormi): to sleep

dos (m.): back

Douane (f.): customs

douanier (m.): customs officer

doucement: softly, quietly

dresser: to put up, erect

drôle: funny

dur(e): hard, harsh

s'échapper: to escape

éclair (m.): flash

écouter: to listen to

écran (m.): screen

s'effondrer: to collapse

effrayant(e): frightening

effrayé(e): frightened

s'éloigner: to move away

empêcher: to prevent

en avant: forward

en bas: down below, down there, down here

en fait: in fact
en train de: in the process of
encore: again, still
  pas encore: not yet
en-dessous de: beneath
énervé(e): nervous, upset
enfin: at last, finally
enfoncer: to break in, break down
enjoliveur (m.): hub-cap (on car wheel)
enlever (as *lever*)*:* to carry off, kidnap
ennuis (m.pl.): troubles
  se faire des ennuis: to get involved with
ensemble: together
entendre: to hear, understand
entendu: understood
entier (-ière): complete, whole
entourer: to surround
entr'acte (m.): interval
entraîner: to drag along
entrée (f.): entrance
entretemps: meanwhile
éperdu(e): bewildered
équipage (m.): crew
escroc (m.): crook
espèce (f.): sort
espérer (as *préférer*)*:* to hope
esprit (m.): mind, wit, spirit
essayer (j'essaie, il essaie, nous essayons, ils essaient; p.p. essayé. N.B. This verb can be spelt throughout with a 'y' in place of the 'i'): to try
essence (f.): petrol
essoufflé(e): out of breath
étage (m.): floor, storey
étais, était, étions: see v.t. *être*
état (m.): state
s'éteindre (les lumières s'éteignent): to go out (of light, fire)

s'étonner: to be astonished
à l'étranger: abroad
être de retour: to come back
étroit(e): narrow
étudier: to study
s'évanouir: to faint
évidemment: obviously
s'exclamer: to exclaim
expliquer: to explain
exprès: on purpose

(j'ai) faim: hungry
faire demi-tour: to turn round, turn back
faire exprès de: to do s.t. on purpose
faire plaisir à: to please
faire la queue: to queue
faire semblant de: to pretend
faire signe: to wave
faire une tête: pull a face, look miserable
faisait: see v.t. *faire*
en fait: in fact
falloir (il faut; p.p. fallu): to be necessary
il faudra: see v.t. *falloir*
fauteuil (m.): armchair
faux (fausse): false, wrong
  fausse piste: wrong track
fermer à clef: to lock
feu (m.): fire
  mettre le feu à: to set fire to
feux rouges (m.pl.): traffic lights
feuilleter: to flick over the pages of
fichu: 'done for' (sl.)
file (f.): line
filer: to go along
fin(e): slender, thin
flic (m.): policeman, 'copper' (sl.)
fois (f.): time, occasion
  encore une fois: once again

foncé: dark
fond (m.): background
fouiller: to search, fumble around
fourrer le nez: to poke one's nose
frais (d'hôtel) (m.pl.): expenses
frais (fraîche): cool, fresh
freins (m.pl.): brakes

garer: to park (a car)
garni(e): decorated, furnished
genou (m.): knee
gens (m.pl.): people
gentil (-lle): nice, kind
gentiment: pleasantly, nicely
glace (f.): ice, ice-cream
glisser: to slide, slip
gorille (m.): thug
gosse (m. & f.): child, 'kid' (sl.)
goût (m.): taste
grand'chose (f.): much
grincement (m.): screech, creak
grommeler (as appeler): to grumble
grue (f.): crane
guichet (m.): ticket-office

habillé(e) de: dressed in
haut (m.): top
haut(e): high, loud
haut-parleur (m.): loud-speaker
hein?: hey? what?
heureusement: fortunately
hier: yesterday
avoir honte: to be ashamed
hurler: to howl, shriek

ici-bas: down here
idée (f.): idea
  se faire des idées: to get ideas
ignorer: to be ignorant of, not to
  know
immeuble (m.): block of flats

impliquer: involve
incendie (m.): fire
inquiet (-iète): anxious
inquiétant(e): worrying
s'inquiéter (accent as in préférer): to
  get worried
interdit(e): forbidden
s'intéresser à: to be interested in
inutile: useless
ira, irai, irons: see v.t. *aller*

jaillir: leap up, spurt out
jaune: yellow *or* light tan (of leather)
*jeter (je jette, il jette, nous jetons, ils
  jettent):* to throw
  se jeter: to throw oneself, to dash
jeune: young
jour (m.): day
jus (m.): juice
jusqu'à la, jusqu'au, jusqu'aux: up to,
  up as far as
jusque dans: right inside

klaxon (m.): horn, siren

là-bas: over there, down there
là-haut: up there
laisser: to let, to allow, to leave
léger (-ère): light, slight
lendemain (m.): next day
lentement: slowly
lessive (f.): washing, laundry
au lieu de: instead of
avoir lieu: to take place
sur les lieux: on the spot
lingot d'or (m.): gold ingot
*lire (je lis, il lit, nous lisons, ils lisent;
  p.p. lu):* to read
livrer: to deliver
locataire (m.): tenant, lodger
loin: far

de long en large: up and down
longtemps: for a long time
à la longue: at long last
lorsque: when
louche: 'fishy', suspicious
lui-même: himself
lumière (f.): light
lustre (m.): chandelier

maintenant: now
mal (m.): harm, hurt
  faire mal à: to hurt
malgré: in spite of
malheureusement: unfortunately
Manche (f.): Channel
marche (f.): step
marin (m.): sailor
matelot (m.): sailor
méchant(e): wicked, naughty
meilleur(e): better
mélange (m.): mixture
mener (je mène, il mène, nous
  menons, vous menez, ils mènent;
  p.p. mené): to lead, take
mettre (je mets, il met, nous mettons,
  ils mettent; p.p. mis): to put,
  put on, switch on
se mettre à: to begin
se mettre à table: to come to the
  table, sit at table
se mettre d'accord: to agree
même: even
  quand même: all the same, even so
mensonge (m.): lie
meubler: to furnish
meubles (m.pl.): furniture
mieux: better
mince: thin, slender
minutieusement: meticulously
mode (f.): fashion
à moitié: half, by half

monnaie (f.): change
se monter la tête: to get all excited
se moquer de: to make fun of, laugh at
mot (m.): word

ne . . . aucun: no . . ., none at all
ne . . . guère: hardly, scarcely
ne . . . pas du tout: not at all
ne . . . personne: nobody
ne . . . plus: no longer, no more
ne . . . que: only
ne . . . rien: nothing
nerveux (-euse): nervous
neuf (-ve): new
noir(e): black, dark
noisette (f.): nut
(de) nouveau: again
nouveau, nouvel, nouvelle: new
nouvelle (f.): piece of news
numéro (m.): number

obéir: to obey
obscur(e): dark
obtenir (as tenir): obtain
occasion (f.): opportunity, occasion,
  the situation
  profiter de l'occasion: to seize the
  opportunity, take advantage of
  the situation, make the most of
s'occuper de: to look after
offrir (as ouvrir): to offer, to buy
ordonner: to order
oser: to dare
oublier: to forget
ouvert(e): open
ouvrier (m.): workman
ouvrir (j'ouvre, il ouvre, nous ouvrons,
  ils ouvrent; p.p. ouvert): to open

paix (f.): peace
pamplemousse (f.): grapefruit

panneau (*m.*): panel, large sign (e.g. on motor-way)

  panneau mobile: sliding door

par ici: this way, near here

paraître (as *apparaître*): to appear, seem

par-dessus: over the top of, above

pardessus (*m.*): overcoat

pardi!: my goodness!

pare-choc (*m.*): bumper

pareil (*-eille*): similar

parole (*f.*): word

de la part de: on behalf of, for

partir (*je pars, il part, nous partons, ils partent; p.p. parti*): to leave

partout: everywhere

pas (*m.*): step, footstep

passer en contrebande: to smuggle

pavillon (*m.*): flag

pêcher: to fish for

peint(*e*): painted

peinture (*f.*): paint, painting

se pencher: to lean forward, bend over

pendant: during

pendant que: whilst

pénétrer: to get into, enter

pensée (*f.*): thought

perdre (*je perds, il perd, nous perdons, ils perdent; p.p. perdu*): to lose

perdre son équilibre: to lose one's balance

permettre (as *mettre*): to allow

perte (*f.*): waste, loss

peu: little

peu à peu: gradually

peur (*f.*): fear

avoir peur: to be afraid

pied (*m.*): foot

pimpant(*e*): smart

piste (*f.*): trail, track

plafond (*m.*): ceiling

plaire (N.B. present tense: *il plaît*; imperfect tense: *il plaisait*): to please

plaisanterie (*f.*): joke

faire plaisir à: to please

à plat: flat

plein(*e*): full

au plus: at the most

plutôt: rather

pneu (*m.*): tyre

poids (*m.*): weight

pompier (*m.*): fireman

pont (*d'un bateau*) (*m.*): deck

portefeuille (*m.*): wallet

portière (*f.*): door (of car)

poser (*une question*): to ask (a question)

posséder (accent as in *préférer*): to own, possess

pourboire (*m.*): tip

pourra, pourrons: see v.t. *pouvoir*

poursuite (*f.*): chase, pursuit

poursuivre (as *suivre*): to pursue

pourvu que: provided that

pousser (*un cri, un sifflement etc.*): to let out, utter

pouvoir (*je peux, il peut, nous pouvons, ils peuvent; p.p. pu*): to be able

pratique: useful, practical

se précipiter: to dash

prendre (*je prends, il prend, nous prenons, ils prennent; p.p. pris*): to take

de près: closely, close behind

presque: almost

prêter: to lend, pay (attention)

prochain(*e*): next

se promener (as *mener*): to go for a walk, walk around
promettre (as *mettre*): to promise
puisque: since, as
pull (*m.*): pullover

quand même: all the same, even so
en quatrième vitesse: at top speed
quelconque: some ... or other
quelque: some
quelques-uns: some of them
faire la queue: to queue

raccrocher: to hang up
radoter: to talk rubbish
râler: to 'moan', complain
ramener (as *mener*): to bring back
ranger: to arrange, line up
se rappeler (as *appeler*): to remember
rapporter: to bring back
rattraper: to catch up with
recevoir (*je reçois, il reçoit, nous recevons, ils reçoivent; p.p. reçu*): to receive
réchaud (*m.*) *à alcool*: spirit-stove
recherche (*f.*): search
réclame (*f.*): advertisement
reconnaître (as *connaître*): to recognize
refermer: to close up again
réfléchir: to reflect, 'have a think'
règle (*f.*): rule
régler: to regulate, direct
regonfler: to blow up again
remarquer: to notice
remettre (as *mettre*): to put back again
se remettre en route: to start out again, set off again
remis: p.p. *remettre*
rencontrer: to meet

rendre: to give back
se rendre compte: to realize
renseignement (*m.*): information
rentrée (*f.*): return
repartir (as *partir*): to go away again, set off again
répliquer: to reply
répondre: to reply
reprendre (as *prendre*): to get back again, take back again
respirer: to breathe
rester: to stay, remain
en retard: late
retentir: to resound, ring out
retirer: to draw back
retomber: to fall back
être de retour: to return, come back
réussir: to succeed
se réveiller: to waken up
revenir: to come back
il revient à lui: he recovers
rêver: to dream
rez-de-chaussée (*m.*): ground floor
rideau (*m.*): curtain
rien d'autre: nothing else
rire (*je ris, il rit, nous rions, ils rient; p.p. ri*): to laugh
ronfler: to snore, roar (of engine), 'rev-up'
rôti (*m.*) *de veau* (*m.*): piece of roast veal
roue (*f.*): wheel
roue de secours: spare wheel
rouler: move along (of vehicles)
route nationale (*f.*): main trunk road
rusé(e) (*adj. or noun*): rogue, rascal; wicked

sacré(e): blessed, wretched
saisir: to seize
sale: dirty, 'rotten'

salle (*f.*) *de cinéma* (*m.*): main auditorium of cinema

sang (*m.*): blood

  bon sang!: good grief!

sans: without

santé (*f.*): health

satisfait(*e*): satisfied

sauf: except

sauver: to save

  se sauver: to run away

savoir (*je sais, il sait, nous savons, ils savent; p.p. su*): to know (a thing)

scruter: examine

séance (*f.*): 'house' (of cinema), 'complete performance'

secrétaire (*m.*): bureau, writing-desk

selon: according to

semblable: similar

faire semblant de: to pretend to

sembler: to seem

sentier (*m.*): path

sentir (*je sens, il sent, nous sentons, ils sentent; p.p. senti*): to feel

sera, serai, serons: see v.t. *être*

serrure (*f.*): lock

se servir de (*je me sers, il se sert, nous nous servons, ils se servent; p.p. servi*): to use

si: so

sifflement (*m.*): whistling, hissing noise

sifflet (*m.*): whistle

faire signe à: to wave to

smoking (*m.*): dinner jacket

soif (*f.*): thirst

soin (*m.*): care

soir (*m.*): evening

sois!: be!

soixantaine (*f.*): about sixty

sonnerie (*f.*): bell

sortie (*f.*): exit

sortir (*je sors, il sort, nous sortons, ils sortent; p.p. sorti*): to go out

soulier (*m.*): shoe

sourd(*e*): deaf, dull

sourire (as *rire*): smile

se souvenir (as *venir*): to remember

spirituel (*-elle*): witty

ça suffit!: that's enough!

suivre (*je suis, il suit, nous suivons, ils suivent; p.p. suivi*): to follow

au sujet de: on the subject of, about

surexcité(*e*): excited

surprendre (as *prendre*): to surprise

surtout: especially, above all

suspendre: to hang

tailleur (*m.*): suit (woman's)

se taire (*je me tais, il se tait, nous nous taisons, ils se taisent; p.p. tu*): to be quiet

tambouriner: to drum, hammer

tandis que: whilst

tard: late

  plus tard: later

tasse (*f.*): cup

tâter le terrain: to spy out the land

tel (*telle*): such

tellement: so, so much

témoin (*m.*): witness

temps (*m.*): time, weather

  en même temps: at the same time

  de temps en temps: from time to time, now and again

tendre: to stretch out, offer

tenir (as *venir*): to hold

se tenir: to stand

terrain (*m.*): site, pitch

faire une tête: to pull a face

tiens!: I say! Here!

tirer: to pull, shoot

tissu (m.): material
toi-même: yourself
ton (m.): tone of voice
tôt: soon
toujours: still, always
tour (m.): turn
tourner un film: to 'shoot' a film
tournevis (m.): screwdriver
tout à coup: suddenly
tout à l'heure: just now, later, soon
tout de suite: at once
trajet (m.): (short) journey
travail (m.): work
traversée (f.): crossing
traverser: to cross
trentaine (f.): about thirty
triste: sad, gloomy
trop: too, too much
trottoir (m.): pavement
trousseau (m.) de clefs: bunch of
keys
trouver: to find

usé(e): worn out

va-et-vient (m.): bustle
valise (f.): suitcase
vedette (f.): 'star', central figure
velours (m.): velvet
vendeuse (f.): saleswoman
*venir (je viens, il vient, nous venons,
ils viennent; p.p. venu):* to come

venir de: to have just (done s.t.)
verra, verrons etc.: see v.t. *voir*
vers: towards
vestibule (m.): hall
vêtu(e) de: dressed in
vide: empty
vie (f.): life
vieillard (m.): old man
vieux (vieille): old
vif (vive): lively, alive
vin (m.): wine
visage (m.): face, expression
visiter les bagages: to inspect the
luggage
vitesse (f.): speed, gear (of car)
*voir (je vois, il voit, nous voyons,
ils voient; p.p. vu):* to see
voisin(e): neighbour, neighbouring,
nearby
voix (f.): voice
volant (m.): steering-wheel
voler: to steal
volontiers: willingly
voudrai, voudrons, etc.: see v.t.
vouloir
*vouloir (je veux, il veut, nous voulons,
ils veulent; p.p. voulu):* to want,
wish
vue (f.): sight

zut alors!: dash it! (expression of
contempt)

Common irregular verbs found in this reader

	PRESENT TENSE	PAST PARTICIPLE	IMPERFECT	FUTURE
aller	je vais, tu vas, il va, nous allons, vous allez, ils vont	allé	j'allais, etc.	j'irai, etc.
apparaître	j'apparais, tu apparais, il apparaît, nous apparaissons, vous apparaissez	apparu	j'apparaissais, etc.	j'apparaîtrai, etc.
appeler	j'appelle, tu appelles, il appelle, nous appelons, vous appelez, ils appellent	appelé	j'appelais, etc.	j'appellerai, etc.
appuyer	j'appuie, tu appuies, il appuie, nous appuyons, ils appuient	appuyé	j'appuyais, etc.	j'appuierai, etc.
s'asseoir	je m'assieds, tu t'assieds, il s'assied, nous nous asseyons, vous vous asseyez, ils s'asseyent	assis	je m'asseyais	je m'assiérai, etc.
avoir	j'ai, tu as, il a, nous avons, vous avez, ils ont	eu	j'avais, etc.	j'aurai, etc.
boire	je bois, tu bois, il boit, nous buvons, vous buvez, ils boivent	bu	je buvais, etc.	je boirai, etc.
connaître	like 'apparaître'	connu	je connaissais, etc.	je connaîtrai, etc.
construire	je construis, tu construis, il construit, nous construisons, vous construisez, ils construisent	construit	je construisais, etc.	je construirai, etc.
courir	je cours, tu cours, il court, nous courons, vous courez, ils courent	couru	je courais, etc.	je courrai, etc.
croire	je crois, tu crois, il croit, nous croyons, vous croyez, ils croient	cru	je croyais, etc.	je croirai, etc.
devoir	je dois, tu dois, il doit, nous devons, vous devez, ils doivent	dû	je devais, etc.	je devrai, etc.

Infinitive	Present	Past participle	Imperfect	Future
dire	je dis, tu dis, il dit, nous disons, vous dites, ils disent	dit	je disais, etc.	je dirai, etc.
dormir	je dors, tu dors, il dort, nous dormons, vous dormez, ils dorment	dormi	je dormais, etc.	je dormirai
essayer	j'essaie, tu essaies, il essaie, nous essayons, vous essayez N.B. This verb can be spelt with a 'y' throughout in place of the 'i'	essayé	j'essayais, etc.	j'essaierai, etc.
être	je suis, tu es, il est, nous sommes, vous êtes, ils sont	été	j'étais, etc.	je serai, etc.
faire	je fais, tu fais, il fait, nous faisons, vous faites, ils font	fait	je faisais, etc.	je ferai, etc.
falloir	il faut	fallu	il fallait	il faudra
jeter	je jette, tu jettes, il jette, nous jetons, vous jetez, ils jettent	jeté	je jetais, etc.	je jetterai, etc.
lire	je lis, tu lis, il lit, nous lisons, vous lisez, ils lisent	lu	je lisais, etc.	je lirai, etc.
mener	je mène, tu mènes, il mène, nous menons, vous menez, ils mènent	mené	je menais, etc.	je mènerai, etc.
mettre	je mets, tu mets, il met, nous mettons, vous mettez, ils mettent	mis	je mettais, etc.	je mettrai, etc.
offrir	like 'ouvrir'			
ouvrir	j'ouvre, tu ouvres, il ouvre, nous ouvrons, vous ouvrez, ils ouvrent	ouvert	j'ouvrais, etc.	j'ouvrirai, etc.
partir	je pars, tu pars, il part, nous partons, vous partez, ils partent	parti	je partais, etc.	je partirai, etc.
pouvoir	je peux, tu peux, il peut, nous pouvons, vous pouvez, ils peuvent	pu	je pouvais, etc.	je pourrai, etc.

	PRESENT TENSE	PAST PARTICIPLE	IMPERFECT	FUTURE
prendre	je prends, tu prends, il prend, nous prenons, vous prenez, ils prennent	pris	je prenais, etc.	je prendrai, etc.
recevoir	je reçois, tu reçois, il reçoit, nous recevons, vous recevez, ils reçoivent	reçu	je recevais, etc.	je recevrai, etc.
rire	je ris, tu ris, il rit, nous rions, vous riez, ils rient	ri	je riais, etc. N.B. nous ri*i*ons, vous ri*i*ez	je rirai, etc.
savoir	je sais, tu sais, il sait, nous savons, vous savez, ils savent	su	je savais, etc.	je saurai, etc.
sentir	je sens, tu sens, il sent, nous sentons, vous sentez, ils sentent	senti	je sentais, etc.	je sentirai, etc.
servir	je sers, tu sers, il sert, nous servons, vous servez, ils servent	servi	je servais, etc.	je servirai, etc.
sortir	je sors, tu sors, il sort, nous sortons, vous sortez, ils sortent	sorti	je sortais, etc.	je sortirai, etc.
suivre	je suis, tu suis, il suit, nous suivons, vous suivez, ils suivent	suivi	je suivais, etc.	je suivrai, etc.
tenir	like 'venir'			
venir	je viens, tu viens, il vient, nous venons, vous venez, ils viennent	venu	je venais, etc.	je viendrai, etc.
voir	je vois, tu vois, il voit, nous voyons, vous voyez, ils voient	vu	je voyais, etc.	je verrai, etc.
vouloir	je veux, tu veux, il veut, nous voulons, vous voulez, ils veulent	voulu	je voulais, etc.	je voudrai, etc.